NIVEL 2

COLECCIÓN **LEER EN ESPAÑOL**

De viaje

Alberto Buitrago

Universidad de Salamanca

La colección LEER EN ESPAÑOL ha sido concebida, creada y diseñada
por el Departamento de Idiomas de Santillana Educación, S. L.

El libro *De viaje* es una obra original de **Alberto Buitrago**
para el Nivel 2 de esta colección.

Edición 1997
Coordinación editorial: **Elena Moreno**
Dirección editorial: **Silvia Courtier**

Edición 2008
Dirección y coordinación del proyecto: **Aurora Martín de Santa Olalla**
Edición: **Begoña Pego**

Edición 2009
Dirección y coordinación del proyecto: **Aurora Martín de Santa Olalla**
Actividades: **Lidia Lozano**
Edición: **Mercedes Fontecha**

Dirección de arte: **José Crespo**
Proyecto gráfico: **Carrió/Sánchez/Lacasta**
Ilustración: **Jorge Fabián González**
Jefa de proyecto: **Rosa Marín**
Coordinación de ilustración: **Carlos Aguilera**
Jefe de desarrollo de proyecto: **Javier Tejeda**
Desarrollo gráfico: **Rosa Barriga, José Luis García, Raúl de Andrés**
Dirección técnica: **Ángel García**
Coordinación técnica: **Fernando Carmona, Lourdes Román**
Confección y montaje: **María Delgado, Antonio Díaz, Eva Hernández**
Cartografía: **José Luis Gil, Belén Hernández, José Manuel Solano**
Corrección: **Gerardo Z. García, Nuria del Peso, Cristina Durán**
Documentación y selección de fotografías: **Mercedes Barcenilla**
Fotografías: *J. Escandell.com*; COMSTOCK; HIGHRES PRESS STOCK/AbleStock.com;
PHOTODISC; SERIDEC PHOTOIMAGENES CD; ARCHIVO SANTILLANA
Grabaciones: **Textodirecto**

© 1997 by Alberto Buitrago
© 1997 by Grupo Santillana de Ediciones, S. A.
© 2008 Santillana Educación
© 2009 Santillana Educación

Dados Internacionais de Catalogação na Publicação (CIP)
(Câmara Brasileira do Livro, SP, Brasil)

Buitrago, Alberto
    De viaje / Alberto Buitrago. — São Paulo :
Moderna, 2011. — (Coleccíon leer en español)

    1. Ficção espanhola I. Título. II. Série.

11-08218   CDD-863

Índices para catálogo sistemático:
1. Ficção : Literatura espanhola   863

En coedición con Ediciones de la Universidad de Salamanca

ISBN: 978-85-16-07200-1
CP: 161257

Reprodução proibida. Art.184 do Código Penal e Lei 9.610 de 19 de fevereiro de 1998.
Todos os direitos reservados.

SANTILLANA ESPAÑOL
EDITORA MODERNA LTDA.
Rua Padre Adelino, 758 — Belenzinho
São Paulo — SP — Brasil — CEP 03303-904
Central de atendimento ao usuário: 0800 771 8181
www.santillana.com.br
2015

Impresso no Brasil

Quedan rigurosamente prohibidas, sin la autorización escrita de los titulares del «Copyright», bajo las sanciones establecidas en las leyes, la reproducción total o parcial de esta obra por cualquier medio o procedimiento, comprendidos la reprografía y el tratamiento informático, y la distribución de ejemplares de ella mediante alquiler o préstamo públicos.

A mi burra Monica (sin acento),
ejemplar en vías de extinción

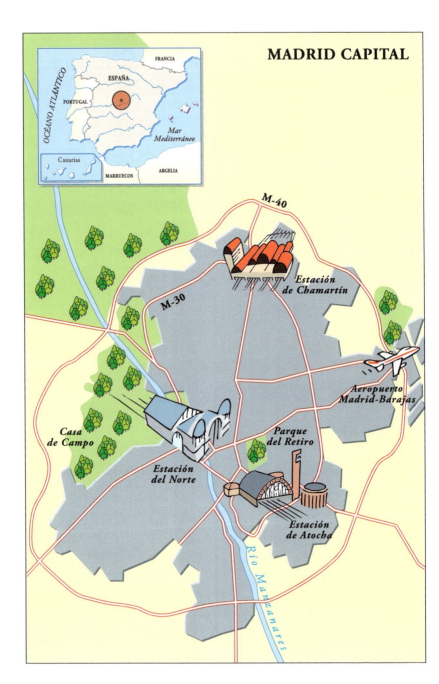

POR SOÑAR...

«Son las ocho. ¡¡Las ocho!! ¡Me he quedado dormida! ¡Ay! Pero ¡qué tonta soy! ¡Hoy es quince de agosto[1]! ¡Es fiesta! ¡Qué bien!»

Marta quiere despertar a Frank con un beso, como siempre. Pero no lo encuentra y el beso se queda en el aire[2]... Frank no está. No oye ningún ruido en el cuarto de baño. Tampoco en la cocina.

«Seguro que ha salido a comprar el periódico y un pastel de manzana, mi preferido. Es que hoy es quince de agosto...»

Marta se da la vuelta[3] y se queda en el otro lado de la cama, en el lado de Frank. Siempre se acuesta allí cuando él no está. Frank lo sabe, y por eso le ha dejado el sobre[4] en su lado. Marta se asusta cuando siente el papel en la cara. Enciende la luz. Es un sobre grande. Dentro hay muchos papeles escritos con la letra de Frank. Empieza a leer...

Madrid, 15 de agosto de 1993

¿Te acuerdas, Marta? Hoy hace diez años... ¡Cómo pasa el tiempo! Hemos hablado mucho, quizás demasiado, de aquel día. Y todavía no sabemos qué pasó. Bueno, eso es el amor: no saber nada y saberlo todo, no creer nada y creerlo todo, ¿verdad?

No sé por qué, pero hoy te quiero escribir. Hoy te quiero contar todo aquello sin mirarte, sin tenerte delante, sin ver tu cara. Ya es el momento. Ya escribo bastante bien en español. Bueno, eso creo yo.

Vuelvo dentro de un momento. Te quiero,

Frank

De viaje

* * *

Marta sonríe. Sus ojos verdes se llenan de luz de luna. Lee y lee...

* * *

Madrid, 15 de agosto de 1983
Frank ha estado en España durante un mes estudiando español.
Ahora vuelve a su país.
Estación de trenes de Chamartín. Tres de la tarde. Calor. Mucho calor... Y gente. Mucha gente. Frank lleva su pesada maleta por el suelo. Ha comprado demasiados regalos[5].

Delante de las ventanillas[6] de los billetes hay una cola[7] muy larga... Bueno, hay colas, muchas colas que se mueven lentamente. Por los altavoces[8], una señorita da informaciones sin parar. Frank no entiende nada. Es que –piensa él– en España la gente habla y habla todo el tiempo. Y así es imposible comprender nada. Además, los españoles siempre gritan cuando hablan...

Frank se pone en la cola que le parece más corta. Mientras va hacia la ventanilla, mueve su maleta con el pie. Y busca dentro de su cabeza las palabras que va a decir:

«Buenos días» o «buenas tardes» –piensa Frank–. Los españoles dicen «buenas tardes» solo después de comer. Y comen casi a las tres. Tengo que decir «buenos días» porque no sé si el señor de la ventanilla ha comido ya. También voy a decir «por favor». Y después, «quiero», «es necesario», «me gusta»...; esto es más difícil. ¿Por qué en español hay muchos verbos diferentes para decir la misma cosa? Luego, «un billete», «una entrada», «un papel»... Bueno, puedo decir «tique». Eso dicen los españoles en lugar de «ticket». Pero ¡qué mal hablan inglés los españoles! Ahora viene algo todavía peor: las preposiciones. ¡Hay más de diez preposiciones en español! ¿«A», «por», «en», «para», «hacia», «desde» o

«hasta» París? ¿Cuándo usar unas u otras? Esto está en el libro, pero lo tengo en la maleta. Y ahora no puedo abrirla porque después no puedo cerrarla... Solución: escuchar a este señor que está delante de mí y decir las mismas palabras que él.

* * *

Marta se ríe; se ríe porque así, escrito, es bastante más divertido que contado. Y, claro, se ríe también porque sabe qué va a pasar después... La verdad es que está muy contenta. ¡Qué bien escribe Frank en español! ¡Y pensar que hace diez años no sabía hablarlo!

* * *

El señor de delante ya ha llegado a la ventanilla. Frank se pone un poco más cerca de él para escucharlo mejor. Pero el señor no dice nada. Solo mueve la cabeza; la mueve mucho, arriba y abajo, abajo y arriba. Saca de un bolsillo una foto de la Plaza Mayor de Salamanca. La pone en el cristal, delante de los ojos del empleado.

—Dos. Ir y venir aquí. No fumar. Gracias.

El señor paga con un billete de cincuenta euros y recoge la vuelta y sus dos billetes. Guarda la foto. Sonríe. Mueve la cabeza arriba y abajo y se va. Sentada en un banco lo está esperando su mujer, que también es japonesa.

Frank llega a la ventanilla. Baja la cabeza. Mira al señor del otro lado del cristal. Muy deprisa y sin coger aire, dice:

—BuenosdíasporfavormegustaunaentradaporParís.

El señor de la ventanilla abre mucho los ojos.

—¿Qué dice?

Frank coge aire y lo intenta otra vez.

—BuenosdíasporfavorquierounaentradaparaParís.

De viaje

—*Oiga, esto no es un cine —contesta el empleado.*

—*Perdón, no entiendo.*

—*Digo que esto no es un cine, que aquí no puede ver películas.*

—*No entiendo. Perdón.*

—*Tiene que decir «billete». Las entradas son para el cine y para el teatro.*

Frank intenta pensar. Intenta coger las palabras con las manos.

—*Entiendo. Sí. Perdón... Buenos días...*

—*Buenas tardes, porque ya he comido...*

Frank está enfadado y dice algo en su idioma. El empleado le sonríe.

—*¿Qué?*

—*No. Nada... Buenas tardes... Por favor, quiero un billete para París.*

—*Así. Muy bien. ¿De ida y vuelta o sencillo? ¿Fumador o no fumador?*

—*No entiendo.*

Muchos españoles creen que los extranjeros son sordos[9]. Piensan que solo entienden si les gritas. El empleado que vende los billetes es uno de estos. Mira a Frank. Coge aire, mucho aire. Después cierra los ojos y empieza a gritar:

—*¿DE IDA Y VUELTA O SENCILLO? ¿FUMADOR O NO FU-MADOR?*

—*No entiendo.*

—*¿QUIERE EL BILLETE DE IDA Y VUELTA O SENCI-LLOOOOO? —grita el empleado todavía más fuerte.*

—*No entiendo.*

—*¿FUMA O NO FUMAAAAA...?*

—*No entiendo.*

—*Pues yo no puedo hablar más alto.*

—*No entiendo.*

—*¡¡¡NO PUEDO HABLAR MÁS ALTOOOOOOOOOOOOO...!!!*

—*Tiene que hablar más despacio y no más alto. Este chico es extranjero, no sordo. Oye muy bien —dice alguien detrás de Frank.*

Alberto Buitrago

—Buenosdíasporfavorquierounaentradaparaparís.
—Oiga, esto no es un cine —contesta el empleado.

De viaje

Frank se da la vuelta. En la cola, detrás de él, hay una chica rubia. Es alta y tiene los ojos verdes. No parece española. Y es guapa, muy guapa...

* * *

Marta no puede leer más. Las letras se mueven en sus ojos como la luna en el agua.

«¡Qué mentiras cuentas!», piensa mientras se levanta. Cuando vuelve a la cama, lleva un bolígrafo en la mano. Con él escribe por detrás del papel:

«Frank se da la vuelta. Quiere pedir ayuda. Detrás de él hay una chica alta y rubia. La mira con la boca abierta.

Ella le sonríe. Va hacia la ventanilla y le dice al señor del otro lado del cristal:

–Tiene que hablar más despacio y no más alto. Este chico es extranjero, no sordo».

* * *

Frank está un poco nervioso.
–No entiendo –le dice a la chica.
–Tranquilo. No pasa nada. ¿Adónde vas?
–A París.
–¿Ir y venir?
–Ir. No venir.
–¿Cuándo?
–Hoy. Dieciocho veinte.
–¿Fumas?
–No, gracias.
El señor de los billetes tiene la cabeza casi fuera de la ventanilla.

—Este chico quiere un billete de ida a París, no fumador, para el tren de las seis y veinte de esta tarde... ¿Ha visto qué fácil?

El señor la mira con los ojos abiertos como platos.

—Señorita, ¿le puedo hacer una pregunta?

—Sí, claro.

—¿Por qué a usted la ha entendido y a mí no?

Ella no contesta, solo sonríe. Frank no sabe qué decir.

—Gracias. Muchas gracias para todo —dice por fin.

—De nada. Y tienes que decir «gracias por todo».

—Gracias por todo.

—Adiós.

—Adiós.

Frank deja a la chica en la ventanilla. Después la ve coger su maleta e irse con un billete en la mano. Él la sigue con la mirada, con una mirada tonta. Se ha enamorado[10]. Ahora. Tres horas antes de volver a su país para siempre... Bueno, quizás no para siempre. Se ha enamorado en una estación. Se ha enamorado sin querer. Se ha enamorado de una mujer y no conoce su nombre. Se ha enamorado de una mujer sin saber que ella también se ha enamorado de él.

* * *

Marta no se ha dado cuenta de que ha perdido una lágrima[11].

* * *

Solo hay una cosa más triste que sentirse solo: sentirse solo en una estación de tren o en un aeropuerto. No recibir a nadie, no decir adiós a nadie. Y Frank, por primera vez en su vida, se siente solo.

Ella ha entrado en una cafetería[12] y se ha sentado cerca de los cristales. Él, sentado en un banco, la mira todo el tiempo.

De viaje

En ningún momento ha pensado en hablar otra vez con ella. Frank piensa que las historias de amor pasan siempre delante de nosotros. A veces no nos damos cuenta, y se van: son las historias de amor para soñar. Otras veces las vemos pasar: son las historias de amor para escribir.

Él tiene ahora todas las cosas necesarias para escribir una preciosa historia de amor: una estación, un billete a París, unos ojos verdes, una mirada y un adiós. Mucho y poco. Todo y nada. Verdad y mentira. Pero así tiene que ser...

* * *

Marta deja caer otra lágrima sobre el papel. Ahora comprende por qué Frank le ha escrito esta historia conocida. Hay cosas muy difíciles de decir... Cosas que son solo para escribirlas...

* * *

«El tren a París se encuentra en la vía[13] dos, andén[14] tres. Va a salir dentro de treinta minutos. Señores viajeros, por favor, vayan a los andenes» —dice un altavoz.

* * *

Frank solo entiende «tren, París, treinta minutos». Le parece que tiene mucho tiempo todavía.

«¿Y si ella también va a París? —se pregunta—. No. No puede ser. Lleva una maleta muy pequeña... Bueno, quizás va a estar poco tiempo. No. No va a París. Está todavía en la cafetería y el camarero le ha llevado algo para comer... Media hora. Hay tiempo... y por soñar no hay que pagar. No. No va a París y ya se ha olvidado de mí.»

Cada vez hay más gente en la estación y Frank cada vez se siente más solo, más triste, más tonto. Ella sigue en la cafetería. Ya se ha comido el bocadillo. Parece que también ha terminado su café. Y todavía no lo ha mirado.

* * *

Marta coge otra vez el bolígrafo. Por encima de «bocadillo» escribe «pastel de manzana»; por encima de «café» escribe «té»; por encima de «y todavía no lo ha mirado» escribe «y ya lo ha mirado mil veces».

* * *

«El tren a París va a salir dentro de quince minutos. Señores viajeros, suban al tren, por favor» —dice el altavoz.

Por primera vez ella lo mira. Bueno, por primera vez él ve que ella lo mira. Él, claro, no sabe qué hacer y mira hacia otro lugar. Su mirada encuentra el panel[15] con los horarios[16] de los trenes. Busca el tren de París. Once minutos. Solo tiene once minutos. Todo o nada en once minutos. Mira otra vez hacia la cafetería. Ella no está. Se ha ido. La busca con la mirada... Y la encuentra. Allí está, delante de él, muy cerca. Le dice:

—Tú vas a París, ¿verdad?

—Sí, París.

—¿Sabes que el tren sale dentro de diez minutos?

—No entiendo. Perdón.

—El tren. Diez minutos. Se va.

—Sí... Gracias por todo.

—De nada. Adiós. Buen viaje. Adiós.

Y otra vez Frank ve cómo ella se va. Y ve cómo baja las escaleras hacia los andenes...

De viaje

«*Ya está. Se acabó —se dice—. Ha sido una bonita historia de amor. Una historia de amor de una hora. Mejor así. No debo seguirla. Sí. Mejor así. No. No debo seguirla...*»

* * *

«¡Qué bonito! —piensa Marta—. Esto no me lo había dicho nunca.» Y llora... Y llora...

* * *

El tren es muy largo. Ya se está moviendo cuando Frank llega al andén. Abre una puerta, la primera puerta que encuentra. Mete dentro la maleta y sube al tren. Está casi lleno. Solo hay dos sitios libres, el suyo y otro al lado del suyo.

«*Este es el sitio de ella —piensa Frank—. Seguro que es su sitio... Por soñar no hay que pagar.» Y sueña. Se queda dormido y sueña que ella está allí, en ese tren. Sueña que ella duerme a su lado, con la cabeza sobre su hombro*[17]. *Y sueña que están solos en el tren. Y sueña que van a París. Porque hoy hace diez años que están juntos.*

Y se despierta. Y están solos en el tren. Y ella duerme con la cabeza sobre su hombro. Y alguien abre la puerta. Y entra un señor vestido de azul.

—¿Puedo ver sus billetes, por favor?

—Perdón. No entiendo.

El revisor[18], *claro, grita:*

—SUS BILLETES, POR FAVOR.

—No entiendo. Soy extranjero. No soy sordo. Más despacio, no más alto.

Ella abre los ojos. Mira al revisor. Lo mira a él y le dice:

—Dame tu billete.

Alberto Buitrago

Y Frank sueña. Sueña que ella duerme a su lado, con la cabeza sobre su hombro. Y sueña que están solos en el tren. Y sueña que van a París.

De viaje

* * *

Marta limpia las lágrimas de sus ojos y deja la carta en el suelo. Ha oído la llave. Frank entra en la cocina y prepara el café. Después lleva el desayuno a la cama. Hoy es quince de agosto... Sabe que Marta no está dormida. Le da un beso.

–Felicidades, amor.

Marta parece despertarse en ese momento.

–¿Qué pasa? ¿Qué haces?

–Desayuna... No sabes hacer teatro...

–Es que... Estoy un poco dormida...

–Sí, sí... Desayuna; se está quedando frío el café...

–Sí... Gracias, amor. ¿Por dónde empiezo?

–Empieza por el café, por el pastel de manzana que te he traído o por el regalo.

–¿Qué regalo?

–Toma. Abre este sobre.

Marta lo abre. Dentro hay dos billetes de tren, para no fumadores, ida y vuelta. A París.

–¿Sabes? En la ventanilla está el mismo empleado de hace diez años.

DESPIÉRTAME
A LA HORA DE CENAR

I

LA azafata[19] sonríe mientras lo mueve suavemente.

–Buenos días, señor. Señor... Hemos llegado... Señor... Estamos en Sydney.

Él, con los ojos cerrados, intenta también sonreír. Se da la vuelta[3] y se duerme otra vez.

–Señor... Señor, por favor. Estamos en el aeropuerto. Tiene que bajar del avión y recoger sus maletas...

Él abre un ojo e intenta hablar.

–¿Qué hora es? ¿Es ya la hora de cenar, Toñi? Tengo hambre... Quiero paella... Paella...

La azafata no sabe qué decir...

–Señor, son las nueve de la mañana, hora de Sydney, diez horas menos en España... Y aquí no hay paella.

–Pues yo quiero paella, Toñi. Tu paella... ¡Qué rica!

–¡Uf!... ¡Cuántas veces le tengo que decir que yo no me llamo Toñi! –dice la chica un poco nerviosa–. Me llamo Marina. Soy la azafata y no sé hacer paella. Está usted dentro de un avión, en el aeropuerto de Sydney, en Australia. Este avión viene de Madrid, España. Y hace ya más de media hora que hemos llegado. Tiene que bajar del avión. ¿Me oye?

Él levanta los brazos y coge a la chica por los hombros. Le da un beso en la cara.

De viaje

—Eres maravillosa, mi amor... Tengo mucho sueño... Hoy es domingo... Mi mujer está pasando el fin de semana en casa de sus padres... Podemos quedarnos más tiempo en la cama.

La azafata, ya muy nerviosa, le grita:

—Señor... Tiene que despertarse... Por favor... Señor...

Él no se mueve.

—Ven conmigo a la cama, Carlota, mi Carlotita...

El hombre parece feliz, muy feliz. La chica pide ayuda a sus compañeros. Lo mueven. Le gritan. Nada. Es imposible. Lo cogen en brazos y lo levantan. Él le da un beso al piloto[20].

—Ay, mi Carlotita... Ay, mi amor. Pronto nos iremos tú y yo a Australia. Tú y yo. Yo y tú. Solos para siempre.

La azafata sonríe...

II

*T*OÑI *ha encontrado una carta en un bolsillo de la chaqueta de su marido. La ha escrito una mujer, Carlota Ramírez Solís, eso pone en el sobre*[4].

«Federico, mi amor...

¿Cuándo vienes a buscarme? ¿Cuándo dejas a esa mujer gorda y fea que tienes? ¿Cuándo nos vamos a Australia tú y yo solos?

Te espero con todo mi amor,

Tu Carlotita»

Primero Toñi piensa en matarlos a los dos. Piensa después en buscar a esa Carlotita y decirle con lágrimas[11] *en los ojos: «Señora, yo no puedo vivir sin Federico... Él es todo para mí». O algo parecido... Pero no... Tampoco... Hay algo mejor... Mucho mejor que todo eso...*

Toñi se viste rápidamente y sale a la calle. Hace un día precioso de primavera. El aire[2] *limpio de la mañana la ayuda a pensar. Después de un largo paseo, entra en una agencia de viajes*[21].

–Hola, buenos días.

–Buenos días, señora, ¿puedo ayudarla?

–Sí... Quiero comprar un billete de avión para Sydney, Australia.

–Muy bien. Siéntese, por favor.

–Gracias.

III

AHORA duerme en una habitación del aeropuerto de Sydney, sentado en un sillón. A su lado, un policía que sabe un poco de español —su madre es de Orense y su padre de Santiago de Compostela— intenta hablar con él. El policía habla muy despacio y dice cada palabra con mucho cuidado.

—Hola, señor. Buenos-días, señor. ¿Cómo-está-usted? Me-llamo-Johnny-Vieira, pero-me-puede-llamar-Juan-o-Juaniño[22]. Mi-padre-es-de-Santiago-de-Compostela. Mi-madre-es-de-Orense. Y-usted, ¿cómo-se-llama? ¡Hey![23] Buenos-días. Señor.

El hombre levanta la cabeza. Intenta abrir muy despacio los ojos. Tiene la boca seca.

—Agua, por favor. Tengo sed. Tengo mucha sed.

El policía Juaniño parece simpático. Es alto, gordo y rubio, y tiene la cara roja. No sonríe tan bien como la azafata, pero lo intenta.

—¡Hey! Buenos-días, señor. Muy-bonita-Galicia. Muy-bonita-España. Señor...

—¿Qué pasa? ¿Qué es esto? ¿Dónde estoy?

—Sydney. Nueva-Gales-del-Sur. Australia.

Por fin Federico parece despertarse.

—¿En Sydney? ¿En Australia? ¿Y qué hago yo aquí?

—Yo-no-sé. ¿Tiene-usted-pasaporte?

—¿Pasaporte? Creo que no. Nunca me llevo el pasaporte a la cama.

24

Alberto Buitrago

–¡Hey! Buenos-días, señor. Muy-bonita-Galicia. Muy-bonita-España. Señor...
–¿Qué pasa? ¿Qué es esto? ¿Dónde estoy?

De viaje

Federico busca en su chaqueta. En un bolsillo hay algo... El pasaporte.

—¿Puedo-ver?

El policía le quita el pasaporte de las manos. Lo abre. Coge aire y lee:

—Federico-*Mártin*-Santana.

—Martín...

—*Sorry*. Martín-Santana[24]. ¿Tenis?

—¡Qué simpático!

—¿*Sorry?*

—No. Nada. Nada...

—Calle-Dos-de-Mayo-Ocho-Tercero-Be. Dos-Ocho-Cero-Cuatro-Cuatro. Madrid. ¿Real[25]?

IV

FEDERICO *entra en casa. Está contento. Ha hecho un buen negocio*[26] *y ha ganado mucho dinero. Su mujer, como siempre, lo está esperando en el salón.*

–¿Qué tal esta mañana?

–Bien. Muy bien. Maravillosa. ¿Qué comemos?

–De primer plato, paella. De segundo, carne con patatas.

–¡Qué bien! Tengo un hambre...

Toñi hace una paella estupenda. Esta vez también huele muy bien, pero está un poco más amarilla que otros días. Quizás es porque le ha puesto muchas pastillas[27] *para dormir... Treinta y cinco pastillas.*

Federico termina su plato rápidamente. No se ha dado cuenta de nada. Toñi sonríe. Así parece la azafata de un avión.

–¿Te gusta?

–Está muy rica, mi amor. Cada día haces mejor la paella. ¿Tú no la comes?

–No. La verdad es que no tengo mucha hambre... Solo voy a comer un poco de carne con patatas. ¿Quieres otro plato de paella?

–Sí, por favor... ¡Qué buena está!

Mientras comen, hablan, como siempre, del tiempo y del trabajo. Del trabajo y del tiempo. Del trabajo. Del tiempo. Del trabajo. Del tiem... Federico cierra los ojos. Se siente muy cansado.

De viaje

—*Qué sueño tengo... Y no lo entiendo, porque esta noche he dormido muy bien...*

—*¿No comes el segundo plato?*

—*No. Me voy a dormir la siesta. Por favor, despiértame a la hora de cenar.*

Federico se acuesta en la cama sin quitarse la ropa ni los zapatos. Se duerme rápidamente. Toñi espera unos minutos. Luego, llama por teléfono.

—*¿Ambulancias El tiempo es oro?... Hola, buenas tardes... Me llamo Antonia Riesco. Vivo en la calle 2 de mayo, número 8, tercero B... Sí, sí... B de Barcelona... ¿Pueden venir a recoger a mi marido?... No, no ha tenido un accidente. No es nada importante... Es que tiene que ir al aeropuerto... No, no se ha roto una pierna... No... Tampoco un brazo... ¿Me quiere dejar hablar, por favor?... Muchas gracias... Le ha pasado algo un poco extraño. Es que hemos estado de vacaciones en un país de África... Sí, sí, en África... Y allí ha cogido la enfermedad del sueño[28]... Oiga, pero no se ría. Le estoy hablando en serio... Sí... Eso es... Se duerme y él no se da cuenta. Después se despierta, pero puede estar durmiendo una hora o todo un día. Ahora se ha dormido y su avión sale dentro de tres horas... A Australia. A Sydney... ¿Qué?... ¿Por qué va a Australia? Oiga, me parece que a usted eso le da igual... ¿Qué dice?... ¿Que por qué no lo llevo yo?... No... Yo no puedo cogerlo en brazos... Claro, es muy pesado... Sí... Muy bien... De acuerdo... Sí, media hora... Entonces los espero. Gracias. Hasta luego.*

V

LA policía australiana ha llamado por teléfono al consulado[29] de España. Al aeropuerto ha llegado un señor muy serio. Va vestido de negro, como todos los señores que trabajan en los consulados. Lleva unas gafas muy pequeñas, como todos los señores que trabajan en los consulados. Baja la cabeza, como todos los señores que trabajan en los consulados. Le quiere hablar a la corbata, como todos los señores que trabajan en los consulados.

—¿Y dice que no es suyo este billete de avión?

—No. Ya le he dicho que yo no lo he comprado.

—No lo puedo entender... No lo ha comprado, pero es suyo...

—No. No es mío porque yo no lo he comprado.

—Pero en él está escrito su nombre.

—Pues seguro que el billete es de otra persona que se llama como yo.

—Ya... Claro... Si no le he entendido mal, usted no ha ido al aeropuerto de Madrid, ¿verdad? Y dice que no ha subido al avión...

—Eso es. Yo estaba tranquilamente en mi casa, en Madrid. He comido una paella estupenda que ha preparado mi mujer. Tenía mucho sueño. Me he acostado para dormir la siesta y ahora estoy soñando.

—Perdón... ¿Qué ha dicho usted? ¿Ha dicho «mi mujer»?

—¡Mi mujer! Pues ¡claro! ¡Un teléfono! ¡Por favor! ¿Dónde hay un teléfono?

VI

*L*A ambulancia llega al aeropuerto. Toñi, antes de salir de casa, ha llamado a la compañía aérea[30]. Ha dicho que su marido tiene la enfermedad del sueño y que va a hacer parte del viaje dormido.

Un empleado del aeropuerto está esperando. Toñi le da el billete y mete el pasaporte en un bolsillo de la chaqueta de su marido.

—Dejo aquí el pasaporte —dice Toñi—. Si la policía quiere verlo, ya sabe usted dónde está.

Le da las gracias al empleado y un beso a Federico.

—Adiós. Buen viaje.

Toñi sale del aeropuerto y coge un taxi. Está contenta, muy contenta...

El taxi se para en el centro de la ciudad delante del portal de una casa. Toñi se pone un pañuelo en la cabeza y unas gafas de sol muy oscuras.

—Espéreme aquí, por favor.

Toñi mira a la derecha y a la izquierda y entra muy deprisa. Enciende la luz y busca un nombre en los buzones[31].

—¡Aquí está! ¡Esta es! Carlota Ramírez Solís... Sexto derecha.

Toñi saca un papel de su bolso y lo mete dentro del buzón. En el papel ha escrito:

«Carlota:

Ahora mismo Federico está en Australia... Sí, se ha ido a Australia, pero no contigo. Se ha ido con su mujer, con esa gorda fea... ¿No te lo

Alberto Buitrago

Toñi busca un nombre en los buzones.
—¡Aquí está! ¡Esta es! Carlota Ramírez Solís... Sexto derecha.

De viaje

crees? ¿No has visto que he escrito esto en una fotocopia de su billete de avión?

Olvídate de él. Él ya se ha olvidado de ti.

A. R.»

VII

FEDERICO llama por teléfono a su casa. Parece que no hay nadie. El contestador automático[32] empieza a funcionar:

«¡Hola! Soy Toñi. No estoy en casa y Federico se ha ido a Australia. Si quieres, puedes dejar tu nombre y número de teléfono. Luego te llamo. Gracias».

Federico empieza a entenderlo todo. Busca otra vez en su chaqueta. Por dentro, en un bolsillo, encuentra un papel: la fotocopia de un billete de avión, de su billete de avión. Por la otra parte hay algo escrito. Es la letra de Toñi:

«Carlota:

Ahora mismo Federico está en Australia... Sí, se ha ido a Australia, pero no contigo. Se ha ido con su mujer, con esa gorda fea... ¿No te lo crees? ¿No has visto que he escrito esto en una fotocopia de su billete de avión?

Olvídate de él. Él ya se ha olvidado de ti.

A. R.»

La cara de Federico cambia de color. Blanca, amarilla, roja, azul... El empleado del consulado se asusta.

–¿Qué le pasa, amigo?

Federico empieza a reír.

De viaje

–Mi mu... ¡Ja, ja, ja!... Mi mu... ¡Ja, ja, ja!...

–Su mu... ¿qué?

–Mi mujer... ¡Ja, ja, ja!...

–¿Qué le pasa a su mujer?

–Que es más lista que yo. ¡Ja, ja, ja!...

–Bueno, hombre, eso no es nada extraño... La mía también es más lista que yo. Pero no entiendo por qué se ríe usted...

–Es verdad. ¡Ja, ja!... No sé por qué me río... ¡Ja!... ¿Me invita a una copa? He venido a Australia sin dinero, ya ve.

–Claro que sí... Vamos. El bar está por allí.

–¿Sabe una cosa? Creo que usted y yo vamos a ser muy buenos amigos.

ACTIVIDADES

Antes de leer

1. Antes de empezar la lectura de *De viaje,* fíjate en el título, mira las ilustraciones de la novela y contesta a estas preguntas.
   a. ¿Cuántas historias se narran en este libro?
   b. ¿Dónde se desarrolla cada una?
   c. ¿Quiénes son los protagonistas de cada una?
   d. ¿De qué crees que puede tratar cada una?

2. Relaciona esta información con la historia correspondiente.

   a. Una pareja de mediana edad tiene problemas sentimentales.
   b. Dos jóvenes se enamoran durante un viaje.
   c. La historia sucede en una estación de tren.
   d. El protagonista se siente confundido, solo y cansado.

   Por soñar...

   Despiértame a la hora de cenar

3. Clasifica estas palabras según estén relacionadas con aviones o con trenes.

aeropuerto	andén	aterrizar	azafata	billete
conductor	despegar	puerta de embarque		estación
piloto	raíl	revisor	vagón	vía

4. ¿Has hecho algún viaje en tren o en avión que te haya gustado mucho? Escribe cómo fue.

   ¿Cuándo fue?
   ¿Adónde fuiste?   ¿Con quién?
   ¿Qué medio de transporte usaste?
   ¿Qué pasó?

De viaje

Durante la lectura

Por soñar...

5. ① Escucha la primera historia que se relata en este libro. ¿Cuál de estos resúmenes se corresponde con lo que se cuenta al principio de la historia? Señálalo.

a

Hoy es quince de agosto. Marta se despierta y recuerda que hoy no tiene que ir a trabajar, porque es fiesta. De repente, ve un sobre en el que hay varios papeles escritos por Frank, que se ha marchado de casa. Marta desayuna un pastel de manzana y, después, un poco preocupada empieza a leer.

b

Marta se despierta y se encuentra con que está sola en su habitación. Frank no está, pero le ha dejado una carta en la que ha escrito una historia del pasado.

c

Una mañana de agosto, Frank decide escribir un libro en el que contará su historia de amor con Marta, una chica a la que conoció hace dos años en Madrid.

6. Resume en una oración el contenido de lo que ha escrito Frank a Marta.

_____

_____

_____

7. Ahora, lee el relato y comprueba tus respuestas.

ACTIVIDADES

8. Responde a estas preguntas.
   a. Antes de pedir el billete, ¿qué problemas tiene Frank?
   b. Cuando está en la cola, ¿qué solución se le ocurre? ¿Lo ayuda?

9. ¿Cuáles de estas ideas tiene Frank sobre los españoles y sobre el español? Señálalas. ¿Estás de acuerdo con Frank? ¿Te ha ocurrido algo similar?
   a. En España la gente habla todo el tiempo y no se entiende nada.
   b. Los españoles siempre están enfadados y no ayudan a los extranjeros.
   c. En español hay muchos verbos diferentes para decir la misma cosa.
   d. Los españoles hablan inglés mal.
   e. En España la gente se pone muy nerviosa cuando hace cola.
   f. Los españoles gritan cuando los extranjeros no los entienden.

10. El vendedor de billetes y Marta tienen una actitud diferente con Frank. ¿Cómo describirías la actitud de cada uno de ellos?

el vendedor de billetes	Marta

11. ¿Cómo se siente Frank mientras espera a que salga su tren? ¿Por qué crees que se siente así? Escríbelo.

    | triste | nervioso | estresado | _____ |
    | tranquilo | solo | enamorado | _____ |
    | alegre | nostálgico | tonto | _____ |

12. Ordena estas oraciones según la historia.
    ☐ a. Frank mira a Marta todo el tiempo desde donde está sentado.
    ☐ b. Marta le dice a Frank que el tren se va en diez minutos.
    ☐ c. Marta y Frank se reencuentran en un vagón del tren.
    ☐ d. Marta se sienta en una cafetería mientras espera a que salga el tren.

De viaje

Despiértame a la hora de cenar

Capítulo I

13. ② Antes de leer el capítulo, escúchalo y completa este resumen con las palabras que faltan.

> Un señor se ha quedado _____ en un _____.
> La _____ intenta despertarlo cuando llegan a su destino, Sydney. Pero el señor no se _____ y menciona en _____ el nombre de dos _____, Toñi y Carlota.

14. Ahora, lee el capítulo y comprueba tus respuestas.

15. Marca la opción correcta.

La azafata está nerviosa y pide ayuda porque...

- ☐ a. el avión ha llegado a su destino y un pasajero no quiere salir.
- ☐ b. uno de los pasajeros le quiere dar un beso.
- ☐ c. uno de los pasajeros la ha confundido con su mujer.

16. ¿Qué relación crees que tienen estas dos mujeres con el protagonista? ¿Por qué? Escríbelo.

Toñi puede ser _____   Carlota _____

_____   _____

porque _____   _____

_____   _____

_____   _____

ACTIVIDADES

Capítulo II

17. **(2)** Antes de leer el capítulo, escúchalo y señala cómo va cambiando la reacción de Toñi.

a. Primero, _____.

b. Después, _____.

c. Finalmente, _____.

18. Ahora, léelo y corrige tus respuestas.

19. Contesta a estas preguntas.

a. ¿Qué crees que va a hacer Toñi ahora?

b. ¿Qué harías tú en una situación así?

Capítulo III

20. Antes de escuchar el capítulo, observa la ilustración de la página 25 y contesta a estas preguntas.

a. ¿Quiénes son esas personas?

b. ¿Cómo son?

c. ¿Dónde están?

d. ¿Qué hacen ahí?

e. ¿De qué están hablando?

21. **(4)** Ahora, escucha el capítulo y comprueba tus respuestas.

22. Completa esta ficha con la información del protagonista.

Nombre: _____

Apellidos: _____

Nacionalidad: _____

Dirección: _____ Piso: _____

Código postal: _____ Ciudad: _____

39

De viaje

Capítulo IV

23. ⑤ Antes de leer el capítulo, escúchalo y di si las siguientes afirmaciones son verdaderas o falsas. Corrige las falsas.

a. Federico y Toñi van a comer juntos para celebrar que Federico ha ganado mucho dinero. ☐

b. Toñi ha preparado paella porque sabe que a su marido le gusta mucho. ☐

c. Toñi ha preparado la paella como siempre. ☐

d. Parece que Toñi y Federico no tienen muchos temas de conversación. ☐

e. Toñi llama a una ambulancia porque Federico no se encuentra muy bien y le duele el estómago. ☐

24. Ahora, léelo y comprueba tus respuestas.

25. Esta es la conversación resumida que mantiene Toñi con un empleado de *El tiempo es oro*. Léela e intenta completarla.

♦ ¿Ambulancias *El tiempo es oro*?

♦ _____

♦ ¿Pueden venir a recoger a mi marido?

♦ _____

♦ No, no ha tenido un accidente.

♦ _____

♦ Es que tiene que ir al aeropuerto.

♦ _____

♦ No, no se ha roto una pierna.

♦ _____

♦ Tampoco un brazo.

♦ _____

♦ Es que hemos estado en África y ha cogido la enfermedad del sueño.

♦ _____

♦ Oiga, pero no se ría.

♦ _____

♦ Eso es… Se duerme y él no se da cuenta. Puede estar durmiendo una hora o todo un día. Ahora se ha dormido y su avión sale dentro de tres horas.

♦ _____

♦ A Australia. A Sydney.

♦ _____

♦ ¿Por qué va a Australia? Oiga, eso a usted le da igual.

♦ _____

♦ ¿Que por qué no lo llevo yo? Yo no puedo cogerlo en brazos.

♦ _____

Claro, es muy pesado.

ACTIVIDADES

Capítulo V

26. ⑥ Antes de leer el capítulo, escúchalo y señala la fotografía que se corresponde con la descripción del señor del consulado.

27. ¿Qué contradicciones tiene la historia que cuenta Federico?

   a. Federico dice que no ha comprado ningún billete, pero _____
   _____.

   b. Él dice que no ha subido a ningún avión, sin embargo _____
   _____.

   c. Él dice que estaba durmiendo la siesta en su casa, no obstante _____
   _____.

28. Ahora, lee el capítulo y comprueba tus respuestas.

Capítulo VI

29. ⑦ Antes de leer el capítulo, escúchalo y fíjate en la ilustración. Después, completa el texto.

> En esta ilustración, podemos ver a _____ delante de los buzones de una casa. Ha ido hasta allí en _____ desde el _____. Mete un papel en el buzón de _____. En el papel ha escrito que Federico está en _____ y que ha ido allí con su _____. El papel donde ha escrito la nota es una _____ del _____ de Federico.

30. Ahora, léelo y corrige tus respuestas.

De viaje

Capítulo VII

31. **8** Antes de leer el capítulo, escúchalo y haz un resumen en tu cuaderno de cómo acaba la historia. Estas preguntas te pueden ayudar.
¿Qué descubre Federico?
¿Cómo reacciona?
¿Adónde va después de descubrir qué ha pasado? ¿Con quién?

32. Ahora, léelo y corrige lo que has escrito.

Después de leer

33. Compara las dos historias que se cuentan en *De viaje*. Te pueden ser útiles algunas de las siguientes palabras.

| de amor/de celos | | traición | infidelidad | | fidelidad |
| romántico/a | cómico/a | trágico/a | final | | feliz/triste |

Por soñar... es una historia _____

_____

En cambio, *Despiértame a la hora de cenar* es una historia _____

_____

Las dos _____

_____

Pero la primera _____

_____

mientras que la segunda _____

_____

34. Lee estos refranes, ¿sabes qué significan? ¿Puedes relacionarlos con las historias que has leído? Coméntalo con tus compañeros.

Quien bien te quiere te hará llorar.	Al mal tiempo, buena cara.
De enamorado a loco va muy poco.	Amor grande, vence mil
Quien ríe el último, ríe mejor.	dificultades.

SOLUCIONES

1. a. Se relatan dos historias. b. Las dos suceden en España. Además, en la primera hay un viaje a París y en la segunda, un viaje a Australia. c. En la primera son una pareja, Frank y Marta, y en la segunda un matrimonio, Federico y Toñi. d. La primera trata de dos jóvenes que se enamoran en Madrid y la segunda trata de la infidelidad en una pareja.

2. *Por soñar...*: b; c. *Despiértame a la hora de cenar*: a; d.

3. Tren: andén, azafata, billete, conductor, estación, rail, revisor, vagón, vía. Avión: aeropuerto, aterrizar, azafata, billete, despegar, puerta de embarque, piloto.

5. b.

6. Posible respuesta:
   Frank narra el día que conoció a Marta y se enamoró de ella.

8. a. Frank tiene problemas con el español y no sabe muy bien cómo tiene que pedir el billete; por ejemplo, no sabe qué verbo tiene que utilizar o qué preposición es la correcta. b. La solución que se le ocurre es escuchar al señor que va delante de él y repetir las mismas palabras, pero casualmente el señor que está delante también es extranjero.

9. a; c; d; f.

11. Al principio, Frank está un poco nervioso porque no consigue entenderse con el vendedor de billetes. Una vez solucionado ese problema, se da cuenta de que se ha enamorado de la chica tan simpática que lo ha ayudado. Luego, cuando está esperando la salida de su tren, se siente solo, triste y tonto.

12. 1-d; 2-a; 3-b; 4-c.

13. dormido; avión; azafata; despierta; sueños; mujeres.

15. a.

De viaje

17. a. Primero, piensa en matarlos a los dos. b. Después, piensa en encontrarse con Carlota y pedirle que deje a su marido. c. Finalmente, piensa en un plan mucho mejor y se va a una agencia de viajes.

20. a. Federico y un policía. b. Federico es delgado, lleva gafas y va vestido con un traje. Parece preocupado y cansado. El policía es gordo, alto y rubio y parece un hombre simpático y tranquilo. c. Están en el aeropuerto de Sydney. d. Federico acaba de llegar allí en avión, pero no se acuerda de nada. El policía está allí para intentar averiguar lo que está pasando, porque sabe español. e. El policía cuenta a Federico que sus padres son españoles y que España y Galicia son muy bonitos. Federico está bastante aturdido y hace al policía algunas preguntas.

22. Nombre: Federico. Apellidos: Martín Santana. Nacionalidad: española. Dirección: calle Dos de Mayo, 8, 3.º B. Código postal: 28044. Ciudad: Madrid

23. Verdaderas: b; d.
Falsas: a; c; e.

25. Posible respuesta:

- ◆ ¿Ambulancias *El tiempo es oro*?
- ◆ Sí, dígame. ¿En qué puedo ayudarla?
- ◆ ¿Pueden venir a recoger a mi marido?
- ◆ ¿Qué ocurre? ¿Ha tenido un accidente?
- ◆ No, no ha tenido un accidente.
- ◆ Entonces, ¿qué le pasa?
- ◆ Es que tiene que ir al aeropuerto.

- ◆ Y no puede porque se ha roto una pierna.
- ◆ No, no se ha roto una pierna.
- ◆ Entonces, ¿se ha roto un brazo?
- ◆ Tampoco un brazo.
- ◆ Pues entonces no lo entiendo. ¿Qué le pasa?
- ◆ Es que hemos estado en África y ha cogido la enfermedad del sueño.
- ◆ Ja, ja, ja… ¿Cómo? ¿En serio?

SOLUCIONES

- Oiga, pero no se ría.
- Sí, sí, perdone. Entonces, ¿necesita que lo llevemos al aeropuerto porque está dormido?
- Eso es... Se duerme y él no se da cuenta. Puede estar durmiendo una hora o todo un día. Ahora se ha dormido y su avión sale dentro de tres horas.
- Y adónde va?
- A Australia. A Sydney.

- ¿Y por qué va a Australia?
- ¿Por qué va a Australia? Oiga, eso a usted le da igual.
- Sí, tiene razón. Perdone. ¿Y por qué no lo lleva usted al aeropuerto?
- Que por qué no lo llevo yo? Yo no puedo cogerlo en brazos.
- Pesa mucho para usted, ¿no?
- Claro, es muy pesado.

26. b.

27. a. ha podido embarcar en un avión. b. acaba de llegar a Australia en avión. c. se ha despertado en un avión a muchos kilómetros de distancia de su país.

29. Toñi; taxi; aeropuerto; Carlota; Australia; mujer; fotocopia; billete.

31. Federico descubre que su mujer ha sido la causante de todo. Se ríe y dice que su mujer es más lista que él. Le pregunta al señor del consulado si le puede invitar a tomar algo, ya que no tiene dinero.

33. Posible respuesta:
    Por soñar... es una historia de amor. En cambio, *Despiértame a la hora de cenar* es una historia de celos y de infidelidades. Las dos cuentan un viaje y tienen algunos elementos cómicos y románticos. Pero la primera tiene como argumento principal el amor verdadero entre dos jóvenes, mientras que la segunda es una historia tragicómica y narra la traición de un hombre a su esposa y la posterior venganza de esta al saber que está siendo engañada.

NOTAS

Estas notas proponen equivalencias o explicaciones que no pretenden agotar el significado de las palabras o expresiones siguientes, sino aclararlas en el contexto de *De viaje*.

m.: masculino, *f.*: femenino, *inf.*: infinitivo.

[1] **quince de agosto:** día de fiesta en España en que se celebra la Asunción de Nuestra Señora, o sea, el momento en que la Virgen María, la madre de Dios, subió a los cielos.

[2] **aire** *m.*: gas que está alrededor de la Tierra, formado principalmente por oxígeno y nitrógeno, y que respiran los seres vivos.

[3] **se da la vuelta** (*inf.*: **darse la vuelta**): se mueve para colocarse en la posición contraria.

[4] **sobre** *m.*: papel doblado y pegado donde se meten cartas, tarjetas u otros papeles para enviarlos por correo o guardarlos.

[5] **regalos** *m.*: cosas que una persona da a otra como muestra de cariño, de amistad, para darle las gracias o por otro motivo.

[6] **ventanillas** *f.*: ventanas pequeñas en una pared por donde los empleados atienden al público en estaciones de trenes, bancos, etcétera.

[7] **cola** *f.*: fila de personas que esperan en orden para hacer algo.

[8] **altavoces** *m.*: aparatos que se usan para hacer un sonido más intenso.

[9] **sordos:** que no oyen o que oyen muy poco.

[10] **se ha enamorado** (*inf.*: **enamorarse**): ha empezado a sentir amor.

[11] **lágrima** *f.*: líquido que asoma a los ojos y cae por la cara cuando se está llorando.

[12] **cafetería** *f.*: lugar donde va la gente a tomar café y otras bebidas y comidas.

[13] **vía** *f.*: camino, carril por donde va el tren.

NOTAS

[14] **andén** *m.:* en las estaciones de trenes o del metro, acera que está al lado de una **vía** (ver nota 13) y por donde los viajeros pasan cuando van a subir al tren o se bajan de él.

[15] **panel** *m.:* superficie plana (de madera, metal, etc.) con información; tablero de anuncios.

[16] **horarios** *m.:* información dispuesta de forma ordenada sobre las horas de salida y llegada de los trenes.

[17] **hombro** *m.:* cada una de las partes del cuerpo de donde salen los brazos.

[18] **revisor** *m.:* persona que, en los transportes públicos como el tren o el metro, comprueba los billetes de los viajeros.

[19] **azafata** *f.:* mujer que trabaja en los aviones y que se ocupa de los viajeros.

[20] **piloto** *m.:* persona que conduce un avión.

[21] **agencia de viajes** *f.:* oficina que se ocupa de organizar viajes (de reservar los billetes, las habitaciones de un hotel, etc.) para sus clientes.

[22] **Juaniño:** Juanito, diminutivo de Juan. En Galicia es corriente formar los diminutivos añadiendo «-iño», «-iña» a los sustantivos y adjetivos, en lugar de «-ito», «-ita».

[23] **¡Hey!:** expresión admirativa que se ha hecho famosa a partir de una canción del mismo título del cantante español Julio Iglesias.

[24] **Santana (Manuel):** jugador de tenis español, nacido en 1938. Ganó, entre otros, los torneos de Roland Garros (1961 y 1964), Forest Hill (1965) y Wimbledon (1966). Se retiró del tenis en 1973.

[25] **Real:** el policía se está refiriendo al Real Madrid, uno de los más importantes clubes de fútbol españoles.

[26] **negocio** *m.:* operación de compra o venta en la que se puede ganar dinero o conseguir un beneficio.

[27] **pastillas** *f.:* piezas pequeñas con sustancias medicinales, generalmente redondas y que se toman por la boca.

[28] **enfermedad del sueño** *f.:* problema de salud muy grave que produce fiebre, dolor de cabeza y un sueño profundo y prolongado. La **enfermedad del sueño** es transmitida por la mosca tse-tse, que vive en zonas de África central y occidental.

[29] **consulado** *m.:* oficina donde trabaja el cónsul y otras personas que, en un país extranjero, se encargan de diversas funciones administrativas y de defender a las personas de su país y los intereses de estas.

De viaje

[30] **compañía aérea** *f.:* empresa de transporte de personas y mercancías por medio de aviones.

[31] **buzones** *m.:* en una casa, cajas donde el empleado de Correos deja las cartas, postales y otros documentos, y de donde los recogerá la persona a la que van dirigidas.

[32] **contestador automático** *m.:* aparato que contesta a las llamadas telefónicas de una persona cuando no está en casa.